ARISTOTE

Il prof. di Alessandro
il Grande

闪光的天才

亚里士多德和他的学生
亚历山大大帝

[意] 卢卡 · 诺维利　著绘
王斯可　张宇靖　译

中信出版集团 | 北京

图书在版编目（CIP）数据

亚里士多德和他的学生亚历山大大帝 /（意）卢卡·诺维利著绘；王斯可，张宇靖译 . -- 北京：中信出版社，2020.12
（闪光的天才）
ISBN 978-7-5217-2616-9

Ⅰ.①亚… Ⅱ.①卢… ②王… ③张… Ⅲ.①亚里士多德 (Aristotle 前 384- 前 322) —传记—儿童读物 Ⅳ.
① B502.233-49

中国版本图书馆 CIP 数据核字（2020）第 255424 号

Aristotele Il prof. di Alessandro il Grande
Text and illustrations by Luca Novelli
Graphic design by Studio Link

亚里士多德和他的学生亚历山大大帝
（闪光的天才）

著 绘 者：[意] 卢卡·诺维利
译　　者：王斯可　张宇靖
出版发行：中信出版集团股份有限公司
（北京市朝阳区惠新东街甲 4 号富盛大厦 2 座　邮编　100029）
承 印 者：天津联城印刷有限公司

开　　本：889mm × 1194mm　1/32　　印　　张：3.5　　字　　数：85 千字
版　　次：2020 年 12 月第 1 版　　印　　次：2020 年 12 月第 1 次印刷
京权图字：01−2020−1414
书　　号：ISBN 978−7−5217−2616−9
定　　价：20.00 元

出版发行　中信出版集团股份有限公司
服务热线：400-600-8099　网上订购：zxcbs.tmall.com
官方微博：weibo.com/citicpub　官方微信：中信出版集团
官方网站：www.press.citic

出　　品　中信儿童书店
图书策划　红披风
策划编辑　舒昕
责任编辑　谢媛媛
营销编辑　谢沐　刘天怡　王沛　金慧霖
装帧设计　哈_哈　门乃婷工作室

目 录

我爱我的老师，但我更爱真理。

——亚里士多德

亚里士多德是对人类历史影响最大的人之一。他对后世的影响不是通过征服王国或发明创造，而是通过伟大的思想。他是一个哲学家，或者说是一个“爱智慧的人”。他教书写书，思考一些很少有人会想到的问题。但就连他自己也不会想到，2300多年之后，世界各地的学校还在引用、学习他的思想。

他曾教过一名年轻的和他一样有名的学生，不过他们做的事情却完全不同。这名学生就是马其顿王国的亚历山大三世，也就是大家所熟知的亚历山大大帝——古代最伟大的征服者之一。这本书就是关于他们两个人的故事。接下来就让我们来看看，亚里士多德这位老师和他这个特别的学生之间发生的故事吧。

这本书里有什么?

这里有我——亚里士多德，2300 多年前的一名科学家和哲学家。

这里有我的生平事迹，也有我提出的一些关于自然和人类的思想。

这里有马其顿王国的腓力二世……

和他战无不胜的步兵方阵。

这里有腓力二世的妻子奥林匹娅斯，还有他们的儿子亚历山大。我教过亚历山大，他可是个不安分的小伙子，未来他会成为亚历山大大帝。

这里有我的学生亚历山大大帝，他征服了小亚细亚、巴比伦、波斯波利斯和整个埃及。

这里有亚马孙女王和罗克珊娜公主。

这里有一场伟大的冒险，以及一个疆域从欧洲巴尔干半岛中部，直达印度河口的辽阔帝国。

最后，这里还有给哲学学习者和世界征服者的小词典。

亚里士多德……

和亚历山大大帝的世界

公元前384年，亚里士多德出生于色雷斯哈尔基季基半岛上一座名叫斯塔吉拉的海滨小城，这座城市就在今天的塞萨洛尼基和阿索斯山附近。

斯塔吉拉属于古希腊，但亚里士多德家族却和马其顿国王阿敏塔斯三世关系密切。他的父亲尼科马库斯是国王的宫廷御医，也是医神阿斯克勒庇俄斯的祭司。亚里士多德本应当像他父亲一样，在马其顿王国都城佩拉做一名医生。但他的父亲很早就去世了，所以，亚里士多德只得在他的家乡和小亚细亚西海岸（今土耳其）的阿塔尔纽斯生活，并接受教育。

1. 我是亚里士多德

我是亚里士多德，朋友们都叫我亚里。我的妈妈叫法伊斯提斯，爸爸叫尼科马库斯。我出生于第 99 届奥林匹亚竞技会举办那一年。

我只记得一点儿关于爸爸的事。他是位医生，也是名祭司，会向阿波罗神和阿斯克勒庇俄斯神献祭公鸡。不过，当他为马其顿国王阿敏塔斯三世治病的时候，他更相信伟大的希波克拉底医生的建议，而不是健康之神们的谕示。是的，“医学之父”希波克拉底曾经生活在这片土地上。他曾说过，医生也应该是哲学家。我爸爸也算得上是一名哲学家，他写过有关医学、物理学方面的书。我相信，我对科学和自然的兴趣就是从他那儿继承来的。

我是希腊人，但和马其顿人关系很近，这给我带来了一些麻烦。马其顿人也讲希腊语，并且与希腊人信奉一样的神灵，但是在雅典，他们却被看作野蛮人。另外，马其顿王国一直在打仗，所以他们也看不起那些不懂打仗的人。

我们家是医生家族，不是战士家族，像我爸爸那样为马其顿国王工作，也是一件相当危险的事。他要是开错了药方，就会被砍掉脑袋。

不过，我幸运地避开了宫廷生活和它带来的种种麻烦。我是由叔叔普洛克西诺抚养长大的，他是一名地地道道的希腊人，爱好文学和艺术。

在沙滩上，在树林间，我学会了阅读、书写、数数，以及观察自然。

叔叔还教给我很多体操运动，这些运动也用于训练男孩们参加战争和每四年举办一次的奥林匹亚竞技会。

与伟大的毕达哥拉斯不同，我永远也不会参加奥林匹亚竞技会。我只会去那儿当观众。

不过，我已经准备好去雅典完成学业了。阿卡德米学园和这个时代最美丽、最有活力的城市，正在等着我的到来。

马其顿王国位于奥林匹斯山以北的丘陵地区，草场多耕地少。它的故都埋葬着历任国王，他们自认为是众神之王宙斯之子、半神半人的赫拉克勒斯的后代。

国王去世以后，继位者一般要经历复杂的斗争才能登上王位。马其顿国王一般有六七个妻子和很多孩子，因此继位者必须当心他的异母兄弟和堂兄弟们。而且，继位者仅仅是国王的儿子和赫拉克勒斯的后代还不够，他还必须是无畏的战士、常胜的将军、精明的政治家、冷酷的猎人，还得能喝酒。只有这样，他才能赢得士兵和贵族们的尊敬。

公元前 370 年，阿敏塔斯三世国王去世，他的长子亚历山大二世被暗杀，亚历山大二世的弟弟、与亚里士多德年龄相仿的腓力二世被送到希腊的底比斯做人质。马其顿王国正在经历最艰难的时期。但是，对年轻的亚里士多德来说，这却是一段快乐的时光。

2.在雅典娜之城

雅典是无与伦比的。它的名字来自智慧、艺术和正义战争之神雅典娜。这里为艺术和思想提供了肥沃的土壤。对我这样一个17岁小伙子来说，这简直像在梦里。雅典卫城曾被波斯人破坏，重建后的卫城比以往任何时候的都要璀璨。在我这个时代，帕提侬神庙是五颜六色的，它俯瞰着整座城市。市场上总是人潮涌动，柱廊下和空地上挤满了商人和居民。到处都是精美的雕像，青铜雕像尤其多。

但是，对于许多远道而来的希腊年轻人来说，雅典最吸引人的地方并不是宏伟的宫殿，而是一座小花园。这座带有运动场的小花园，以一位鲜为人知的古希腊英雄阿卡德摩斯命名。就是在这里，哲学大师柏拉图建立了他的学校，或者说是学派：阿卡德米学园。

严格来说，阿卡德米学园是一个宗教团体，崇拜阿波罗神和缪斯女神。可实际上，它的学生日后却成了哲学家、科学家、政治家甚至僭主[1]。柏拉图目前不在阿卡德米，他在西西里，那里的僭主老狄奥尼修斯刚去世。柏拉图正努力说服叙拉古人接受自己的思想。学园里，大家都在焦急地等待着他归来。

柏拉图曾经去过西西里三次，但叙拉古的僭主不喜欢他关于幸福和正义的宣讲。幸运的是，他并没有丧命，也没有沦为奴隶。

1　僭主，古希腊独有的统治者称号，起初并无贬义，后逐渐演变为“暴君”的意思。——编者著

来自尼多斯（今土耳其）的欧多克索斯代替柏拉图管理着学园。欧多克索斯是一位伟大的天文学家，我很喜欢听他讲关于太阳和星星的课。他会在深夜里带我们到花园里上课。在之后的近 2000 年间，他的理论一直被当作真理，直到后来的伽利略出现，才充分证明这些理论是错误的。

我的同学们喜欢取笑我，他们讽刺我是“读书人”，因为我亲自阅读了学园里的很多藏书。这有什么好奇怪的？奇怪之处就在于，有钱的学生通常会找一个奴隶给他们朗读，而不是亲自阅读。是的，在 2300 多年前的雅典，生活着 15 万名公民和 10 万名奴隶，许多奴隶的受教育程度比他们主人的还要高。

当年轻的亚里士多德在阿卡德米学园学习时，马其顿王国的腓力二世——阿敏塔斯三世之子、未来的亚历山大大帝之父，正在底比斯做人质。直到他的哥哥佩尔狄卡斯三世国王在战争中被杀，腓力二世才得以回国。王位的合法继承人是佩尔狄卡斯三世之子，因他还很年幼，于是腓力二世成为他的监护人。但是，公元前 359 年，腓力二世通过种种阴谋当上了国王。

腓力二世的国王生涯充满内忧外患。他是一个冷酷、愤世嫉俗且暴戾的人。他的身上和脸上（有一只眼睛失明了）都有决斗和战争留下的印记。他依仗的是贵族的支持和一支训练有素的军队。尤其是一种步兵方阵，使他战无不胜，那就是装备五米长矛的马其顿方阵。腓力二世的政治思想与阿卡德米学园里教授的观点截然不同。对雅典人来说，他是一个危险的野蛮人。

3.“宽肩膀”柏拉图

柏拉图毫发无伤地从西西里回来了。叙拉古的新僭主狄奥尼修斯二世也不欢迎他这位客人。柏拉图总是希望哲学家和大城邦的执政者是同一个人，但这种情况十分罕见。

对我们这些门生来说，柏拉图是一个传奇人物。他是雅典最后一位国王的后裔。别看他如今满头白发，走路慢悠悠的，他可是从年轻的时候就练习角斗和拳击。私下里有人说，他的名字意为宽肩膀。

柏拉图认为对话和言语胜于写作。不过，他却以对话的形式，记录下了他的老师苏格拉底说过而不愿写下来的话。我喜欢听他讲话，我得承认，他的课比他的著作更有趣、更真诚。在他的课上，大家可以发表与他不同的观点。然而，在某些方面，柏拉图非常固执：他认为思想高于物质，而且认为经验几乎没有用。

我们的老师柏拉图一生都在追求知识和正义。

他疯狂地痴迷艺术和诗歌。

他主张并论证了灵魂是不朽的。

他设想了一个理想的社会，在那个社会里，正直的会人受到赞扬，不道德的人会受到惩罚。

他给我们讲过一个传说中的民族的故事。这个民族曾建造了一座完美的城市，但最终因为他们的贪婪，这座城市被大海淹没。

我在他的影响下学习和成长。

我也长了胡子，并成了阿卡德米学园的一名老师。而且可以说，我是最受欢迎的老师之一，因为与老师柏拉图不同，除了学园的传统科目，我还带领学生走出去观察社会，然后让他们自己做出判断。

这一时期，马其顿王国的腓力二世一直在打仗。同时，他也修建了道路、桥梁，甚至建造了一条将都城与大海连接起来的运河。

亚历山大

在连年征战中，出于对国家的责任，腓力二世结婚了。他先娶了一个年轻的贵族，又娶了伊利里亚的公主，然后又娶了伊庇鲁斯的公主——16 岁的茉特尔。后来，腓力二世为了纪念他的赛马在奥林匹亚竞技会上取得的胜利，给茉特尔改名为奥林匹娅斯。她与腓力二世相处得并不融洽，但三年后，公元前 356 年，奥林匹娅斯还是生下了一个男孩，并为他取名亚历山大。

后来有人说，亚历山大不是腓力二世的儿子，而是宙斯的儿子，宙斯曾化作蛇，爬到奥林匹娅斯的床上。但有一点是可以肯定的：小亚历山大出生的时候，腓力二世正受到幸运女神眷顾。他征服了一个又一个希腊城邦，建立了一个连雅典都被迫加入的科林斯同盟。

4.阿卡德米学园，再见

雅典人对腓力二世充满恐惧。人们分成了截然不同的两派。一派以伊索克拉底为代表，这位全雅典最著名的修辞学校的校长认为，腓力二世是能够团结希腊各城邦，并保障和平的君主。但反对者德摩斯梯尼认为，腓力二世比波斯国王薛西斯一世还要危险，他能够摧毁希腊文明。

至于我，已经在阿卡德米学园生活快 20 年了。我那些研究善良和幸福的论文让自己名声大噪，所以我现在拥有许多门生。

后来，柏拉图去世了，享年 80 岁。本来应当由我接管阿卡德米，因为我是他最喜欢的学生，而且最了解学园的事务。但比起我，大家更支持斯彪西波。斯彪西波是一名哲学家，而且他生在雅典，最重要的是，他是柏拉图的外甥。这种事常常发生，即便在 2300 多年前的希腊也不少见。所以我离开了。

我离开了热爱的城市，离开了阿卡德米学园和同伴们。我不能回斯塔吉拉，因为腓力二世已经将那里夷为平地了。不过，阿塔尔纽斯的僭主赫米阿斯邀请我前往，少年时我曾在那里生活过，如今也受到了热情的接待。

赫米阿斯是一个善良贤明的君主。我们是在阿卡德米学园认识的，他当时介绍说，他是我们家族和马其顿宫廷的老朋友。想想看，他曾经是一名奴隶呀！如今，通过一场意外政变，他成了阿塔尔纽斯和阿斯索斯的君主。在赫米阿斯的宫廷里，我还遇到了另外两名柏拉图的学生：埃拉斯托斯和克里斯克斯。

尽管赫米阿斯是一个僭主，我和他却相处融洽。我迎娶了他的侄女皮提娅斯。我带着她和同伴们一起，搬到了都城阿斯索斯。在那里，我创办了一所学校，我的学生兼好友泰奥弗拉斯托斯和我一起执教。我们一起探索周围的岛屿，研究岛上的动植物。

我并不想念雅典，我的生活很平静。一切都很美好。然而不久，我收到了一个让我心惊肉跳的请求。我不能拒绝马其顿的国王。他要我到佩拉去，到他的宫廷去，担任他儿子亚历山大的老师。

腓力二世请赫米阿斯将亚里士多德送到他那里，并不是偶然。阿塔尔纽斯的僭主赫米阿斯是一个可贵的盟友，也是一位优秀的政治家，一个非常有趣的人。赫米阿斯喜欢与艺术家和哲学家们待在一起。他是前任僭主的奴隶，曾就读于阿卡德米学园。如今，他成为一位开明的哲学家僭主，控制着具有战略意义的地区。他治下的城市有可能成为腓力二世入侵亚洲计划的桥头堡。

是的，腓力二世正在筹划着为公元前五世纪波斯入侵古希腊、毁灭雅典的事报仇雪恨。他要夺得仍然被波斯帝国控制着的古希腊城市。赫米阿斯对于腓力二世来说无疑是一个很重要的伙伴，但他也要为自己的选择付出昂贵的代价。

5.亚历山大，妈妈的宝贝

我不喜欢这份新工作。腓力二世的宫廷不是哲学家的沙龙，而是个毒蛇窝。

不过，亚历山大注定要成为国王，做他的老师是一个难得的机会。就是柏拉图在这儿，也不会拒绝这个机会。亚历山大 10 岁了，正处于成长过程中最微妙的时期。他会成为专制的暴君吗？还是成为他父亲那样愤世嫉俗的屠夫？他是会堕落地终日饮酒狂欢，还是会成为公正贤明的国王，统一希腊？现在，他看起来只是一个被妈妈宠坏的孩子，强壮，爱挖苦人，觉得自己无所不知。这个老师不好当。

亚历山大和他的同伴们不住在宫廷里，这里有太多的事让他们分心。他们住在附近的一座城堡里。

像所有希腊年轻人一样，他们大部分时间都在训练体操、角斗和拳击。他们练习骑马（这个年代可没有马鞍），或者用木头做的轻巧兵器互相搏斗。

他们已经有很好的数学、几何和写作老师了。但亚历山大很特别。

比如在今天的课堂上，他很可能是最好同时也是最差的学生。因为他只会将自己感兴趣的事做得最好。

亚历山大也非常喜欢《伊利亚特》这部史诗。所有的希腊年轻人都能把它背得滚瓜烂熟。而当亚历山大背诵时，他仿佛亲身经历了特洛伊战争一般。他将自己比作他最喜欢的英雄阿喀琉斯，并称他的同伴赫费斯提翁为帕特洛克罗斯。

在《伊利亚特》中，阿喀琉斯和帕特洛克罗斯都死于非命，不过亚历山大一点儿也不在乎。

亚里士多德和亚历山大这对师生有很多不同之处。

亚里士多德是一个四十左右岁的成功人士，他身材矮胖，性格温和，声名远扬，即便是僭主们也都很尊敬他，佩服他的智慧。亚历山大是个活泼好动的小伙子，爱惹事，有着王子们常见的傲慢自大。他喜欢超越极限，崇拜力量和勇气。

亚里士多德小心谨慎，进退有度。亚历山大天不怕地不怕，性格暴躁，阴晴不定。

但他们俩都尊崇正义、善良、荣誉和美德。在某些方面他们俩很相像，而在另一些方面他们却又截然不同。

6.国王的课程

教导亚历山大不是件容易事。亚历山大说，比起上我的课，他更喜欢猎捕野猪，或者和他的朋友赫费斯提翁练习角斗。不过，当他想学习的时候，他还是会认真听我讲课的。

亚历山大已经认识到，数字在战争中很有用，它可以用来计量人员、马匹和辎重的情况。

他也明白，毕达哥拉斯定理可以用来计算两座敌方城市之间的距离。

在我的教导下，亚历山大不再像其他人那样害怕日食了，他现在明白这是一种自然现象，甚至是可以预测的。

以后征服了埃及，他就能根据自己影子的长度和金字塔影子长度之间的比例，计算出金字塔的高度了。

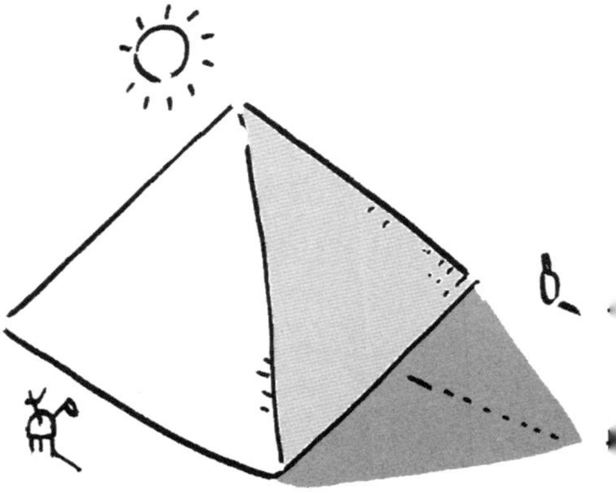

他明白地球是圆的，而不是像其他人所说的那样是平的。

我教给他关于宇宙的一切知识。

为了讲得更明白，我常常画图来解释。我一般会在可以重复利用的沙滩或者木制蜡板上画图。

有时，我也会在珍贵的莎草纸上画，我就是用这种莎草纸写书的。

亚历山大喜欢看我画画儿。

我自己抄了一本《伊利亚特》，亚历山大肯定会很喜欢。等教学结束之后，我就把这本书送给他。他一定会随身携带的。亚历山大也确实这样做了。

亚历山大梦想着成为像荷马笔下阿喀琉斯那样的英雄，但即便是他自己也不会想到，将有怎样的未来在等待着他。他应该不会想到，自己将征服古希腊人已知世界的绝大部分疆域。

当时，古希腊人并不知道中国的存在，也不知道那里有一个庞大的国家。他们认为非洲只比利比亚大一点儿，他们不知道美洲，更别说澳大利亚了。他们眼中的世界是一座由一片海洋环绕着的岛屿。比亚里士多德早 200 多年的哲学家阿那克西曼德绘制的世界地图就是这个样子，亚里士多德也是这样教给亚历山大的。

7.他会是一个好国王吗？

我接到一个坏消息：我亲爱的朋友赫米阿斯被人设计抓住，囚禁在波斯的苏萨城，被折磨至死。这是暴风雨即将来临的征兆。与此同时，亚历山大正在学习他的国王课程。他似乎对这个消息一点也不觉得震惊，还像往常一样，玩着特洛伊战争的游戏。

至于我，还是照常上课，但却越来越急躁，越来越不专心。

我教他修辞学，或者说，教他利用听众的情感说服他人的艺术。

我教他辩证法，或者说，教他如何从别人认可的事情开始，正确地与人辩论，使别人得出和我们同样的结论。

我教他政治学，或者说，教他统治的艺术，教导他统治的目标在于获得社会福祉。

但亚历山大变得越来越不安。渐渐地，他与赫费斯提翁之间的决斗不再是玩闹，而是越来越像不远处佩拉宫廷里上演的那种真正的殊死决斗。远处战场上的回响也传到了这里，传到了孩子们与外界隔绝的宁静城堡里。

我教亚历山大很久了，他如今已 15 岁。他爸爸腓力二世认为，他接受的教育已经足够了。现在，他要亚历山大回到宫廷去，到战场上与他的同盟者们并肩作战。

而我要回家乡斯塔吉拉，可那里已经被腓力二世摧毁了。作为对我教导亚历山大的奖赏，腓力二世许诺要重建这座城市。我要帮助斯塔吉拉重获新生，帮助它制定法律。在未来一段时间内，我将会成为柏拉图所推崇的哲人政治家。

亚历山大没浪费一点儿时间，立刻和他的父亲腓力二世并肩作战。他全副武装，接受鲜血和荣耀的洗礼。公元前338年，腓力二世的军队在喀罗尼亚平原与底比斯和雅典的军队相遇了。亚历山大率领左翼骑兵作战，对这场战争起到了决定性的作用。这是一场重要的胜利，它使得像雅典和底比斯这样最顽固的城邦也与腓力二世结盟了。一旦与共同的敌人发生战争，古希腊的军队将由最强者，也就是古代马其顿国王来指挥。这个共同的敌人就是波斯帝国，古希腊要和波斯新账旧账一起算。

8.第七位妻子

很快发生了一件事，打乱了亚历山大的生活。幸运的是，那时候我正在斯塔吉拉。亚历山大的爸爸腓力二世第七次结婚了。这没有什么新奇的，新奇之处在于，他娶了马其顿王国一个贵族的女儿，而不是某位外国公主。新娘叫克娄巴特拉。婚宴上，新娘的叔叔阿塔罗斯为新人祝酒，并宣布，马其顿王国终于要有一个合法继承人了。

亚历山大又惊又气，腓力二世却什么也没说。亚历山大作为外国公主的儿子，就这样被剥夺了王国继承人的资格。妈妈奥林匹娅斯非常生气，觉得这冒犯了她作为王后和母亲的尊严。

母子二人离开了佩拉的宫廷，回到奥林匹娅斯的故乡伊庇鲁斯。亚历山大永远也不会原谅父亲带给他的羞辱。

对马其顿王国来说，父子二人必须得和好。大家都这么认为，我也是。

亚历山大回到了宫廷，但他的命运似乎改变了。腓力二世年富力强，还能统治很多年。而一旦年轻的克娄巴特拉生下儿子，亚历山大的位置就要被取代了。他将只不过是国王众多混血儿子中的一个。但是在亚历山大一个姐妹的婚礼上，令人意想不到的事发生了：腓力二世被刺杀了。

凶手是一名卫兵，他立刻被抓捕，很快就被处死了。

凶手是谁指使的？这里要做一些推理。腓力二世可不缺少敌人，很快，人们就想到了亚历山大和奥林匹娅斯。

但奥林匹娅斯离得很远，而亚历山大不留给任何人思考的时间。他清除了宫廷里的反对者，处死了凶手的两名同谋，为父亲举办了盛大的葬礼，然后控制了军队。怀疑亚历山大的人，都被他封了口。亚历山大加冕为国王，并立刻行使起国王的权力。

如今，亚历山大是国王了。他一继位就有许多事要做。他击败了旁边两个不听话的族群——特里巴利人和伊利里亚人。但他在历史舞台上最受瞩目的亮相，是摧毁了古希腊最古老、最有名的城邦之一——底比斯。

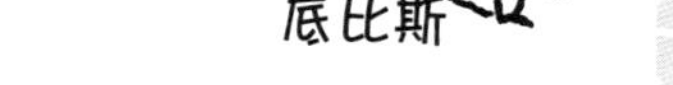

起因是底比斯退出了腓力二世缔结的同盟，反抗当地的马其顿驻军。亚历山大攻克了这座古城，将它夷为平地。亚历山大只保留了诗人平达的故居，因为他很喜欢平达的诗歌。除了过去曾经与腓力二世或亚历山大交好或给过马其顿支持的少数人外，底比斯城大部分的居民都被流放，成了奴隶。

9.重返雅典

就在这个时候，我回到了热爱的雅典。我想念帕提依神庙，想念雅典的剧院，想念和哲学家同事共进晚餐的时光，想念广场上的公共集会。相信我，在雅典我会过得更快乐。

但是我与雅典人的关系发生了很大的变化。所有人都知道，我曾是地中海最强大的国王亚历山大的老师。

他们也知道，我们仍然保持着朋友关系。现在，有些人怕我，有些人恨我，但所有人都尊敬我。在这个城市，这不是一般人能做到的。

我一直是“客籍民”，或者说，是没有雅典公民权利的外邦居民。我没有投票权，不能购买居住的房屋，更不用说买下创办学校的地方了。是的，我创办了一所自己的学校。学校立刻就吸引了很多学生，其中很多是亚历山大送来的，他以这种方式为学校提供资金和支持。

学校的名字叫吕克昂，得名于吕克昂的阿波罗神庙，我上课的花园和运动场就是献给他的。

和阿卡德米学园一样，吕克昂学园也坐落在一个带运动场的花园里，常有人在这里运动或训练。我喜欢一边漫步一边讲学，有时是在空地上，有时是在柱廊下。因此，大家都称我是逍遥学派，或者漫步者。我的两位好朋友泰奥弗拉斯托斯和斯特拉波负责教物理学、天文学、动物学和植物学。

吕克昂学园里的生活非常惬意。大家上午上课，然后一起吃饭。

我们还演奏乐器，去剧院看戏。

每年，我还会让学生们轮流管理几天学园。

许多人来听我晚间发表的公开演说，有些人完全是出于好奇才来的，但常常是座无虚席。所有人都在询问我关于亚历山大的事。

亚历山大 22 岁了。他与雅典、马其顿渐行渐远，他背离了老师亚里士多德的教导。他决心要实现父亲腓力二世的宏伟计划。他收复了一座又一座百年前被波斯帝国占领的希腊城市。他带领父亲的两名亲信将领帕曼纽和安提帕特登陆了小亚细亚。他麾下有一支由希腊人和马其顿人组成的精锐部队，有五千名骑兵和三万名步兵，随军还有工程师、医生、祭司、地形学家、艺术家、厨师，以及各种攻城机械。他的盟友还能派出至少九万名士兵。亚历山大声名远扬，许多城市望风而降。亚历山大下令要保护这些城市，禁止劫掠。

10.征服小亚细亚

几天后，亚洲西部的战报传到了雅典。我的甥孙卡利斯提尼就跟在亚历山大身边，他给我传回了最准确的消息。卡利斯提尼是亚历山大的御用史官，每天为国王撰写官方日志。从他的来信中我得知，亚历山大到目前为止还没有遇到太激烈的抵抗。他仍然觉得自己是《伊利亚特》里的英雄，正在重现特洛伊战争的丰功伟绩。他第一个登陆亚洲，并将一支长矛插在了亚洲西部的土地上。

然后，在特洛伊平原上，亚历山大祭拜了阿喀琉斯之墓，并把自己的盾牌换成了一块神圣的盾牌。据当地人说，这块神盾的历史可以追溯到荷马笔下的特洛伊战争时期。我的学生亚历山大想要在各个方面都变成阿喀琉斯。

在特洛伊以北的格拉尼库斯河附近，亚历山大第一次遭遇了波斯大军。他在激战中受伤，命悬一线之时，好友克雷图斯砍断了敌人的胳膊，拦下致命的一击，救下了亚历山大。

也许亚历山大是有点疯狂，但是他赢了，而且赶走了一支强大的军队。之后，他像往常一样大肆追杀逃兵。

亚历山大还将三百副波斯铠甲送到了雅典，献给雅典娜神庙。此举是为了纪念温泉关战役[1]，同时也是向雅典这位盟友表示友好。只要他想，这个小伙子完全知道如何表现得谦逊有礼。

1　温泉关战役：公元前480年，希波双方在温泉关进行的一次交战。斯巴达国王列奥尼达率领三百勇士死守温泉关，终因寡不敌众，三百名勇士全部牺牲，温泉关陷落。如无特殊说明，本书注释均为译者注。

最终，他的军队来到了戈尔迪乌姆城。这里有一个奇异的绳结，是用树皮打成的，非常复杂。五百年来，它一直绑在一辆神圣战车和城中心神庙里的一根柱子之间。预言家曾说过，能解开绳结者，就能统治小亚细亚。

好吧，亚历山大解开了，确切地说，他毫不费力地用剑把绳结砍开了。雅典城里很多人对此感到难以置信，但大家都对他的这种做法十分着迷。只有极少数人还在极力反对，比如德摩斯梯尼。现在，亚历山大大胆地向叙利亚进军。我怀疑，这还只是个开始。

亚历山大很尊重战败者。大多数情况下，他不允许劫掠城市，避免使用暴力。他让自己信任的马其顿人接替波斯的总督，也就是城市的管理者。

亚历山大没有更改当地的税收制度，而是从当地征兵，以此来加强自己的军队。他在各地推行希腊式的“民主”，也就是“多数人的统治”，同时保留国王的特权。他的举措总是明智的，好像亚里士多德在给他做顾问一样。但在某些情况下，他也会显示出疯狂和残忍的一面。比如，当信奉赫拉克勒斯神的推罗城居民拒绝了他谦逊的入城请求之后，他勃然大怒，就像阿喀琉斯在特洛伊平原上一样愤怒。

11.学以致用

我的吕克昂学园越办越大。我，亚里士多德，亚历山大曾经的老师，如今是地中海地区最受欢迎的哲学家。许多人自费来我的学园上学，我的演讲座无虚席，我的书非常畅销。政治使我们这些哲学家受益，当然也会牵连到我们。

如今，我们在探索许多不同的领域。越来越多的人接受了我的“四元素说”，它甚至在非专业人士中也流行了起来。我还研究起了心理学，也就是研究友谊和爱的表现和机制。

亚历山大肯定也会喜欢我的吕克昂学园。我不知道是否还能再见到他，但我知道，我的许多学生都想去小亚细亚为他效力，到军中做一名士兵、地理学者或者科学家。

亚历山大又一次遇上了波斯的大军。这一次是在与叙利亚接壤的伊苏斯城。他面对的，是波斯国王大流士三世亲自率领的军队，人数几乎是他们的三倍。不过，他赢得了这场战役，打得大流士三世落荒而逃。

亚历山大甚至俘虏了大流士三世的妻子儿女，缴获了王室的宝库。面对被俘的王室成员，他表现得像个绅士，像个开明的英雄，像个哲学王。但他并非总是这样的。

当他到达腓尼基最重要的港口城邦推罗（今黎巴嫩的苏尔）时，当地的居民并没有给予他热烈的欢迎。

亚历山大要求入城祭祀推罗的保护神赫拉克勒斯，但遭到了拒绝。因此，他先后从陆路和海路包围了推罗。八个月之后，他攻下了推罗，并在城里烧杀抢掠。八千多推罗人战死，三万多人被卖为奴隶，还有两千多反抗的推罗人被钉死在十字架上，在岸边依次排开。最终，亚历山大如愿在推罗城里祭祀了他的祖先赫拉克勒斯，但这不是我愿意看到的。

亚历山大已经超额完成了他的任务。他开始与波斯国王谈判，但并不打算就此休战。大流士三世甚至提议把一个女儿嫁给亚历山大。希腊和波斯之间的战争本应当就此结束，以希腊和马其顿的胜利告终，但亚历山大决定继续前进。因此，他去了埃及，决心将这个国家也从波斯的统治下解救出来。沿途，他摧毁了不肯屈服的腓尼基城邦加沙，然后一路长驱直入，再没遇到阻拦。

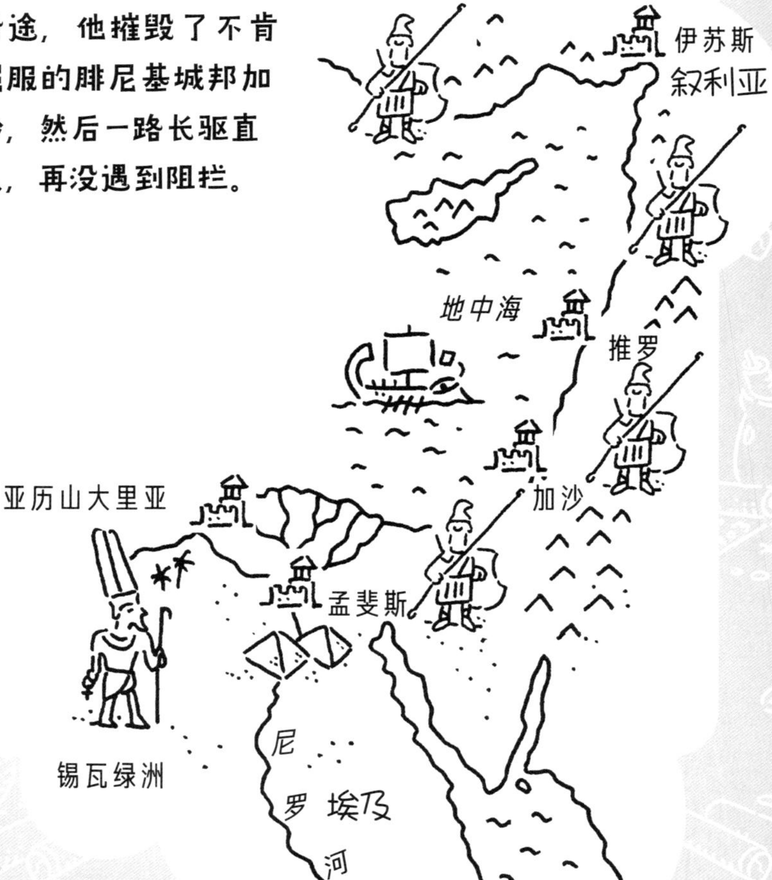

12.法老亚历山大

我们希腊人一直对埃及充满敬意。我们有许多哲学家，包括伟大的毕达哥拉斯，都曾经游访埃及，并从这个古国保存的众多神庙中受益良多。

我从来没有去过埃及，要是亚历山大到达神圣的尼罗河时，我能跟在他身边就好了。好在我的甥孙卡利斯提尼把亚历山大的所作所为都告诉了我。不得不说，亚历山大这小伙子总能使我惊讶。

在下埃及的都城孟斐斯，波斯总督自愿献城投降。神庙里的祭司们像迎接自己的国王一样欢迎亚历山大。

亚历山大恢复了当地的仪式和传统，并让埃及人来管理这个国家。不过，他把军队、财政和对外贸易交给了希腊人和马其顿人管理。

我的甥孙说，亚历山大现在“单纯地”只是埃及法老，也就是埃及至高神——太阳神阿蒙之子，拥有神圣的恩赐和特权。

作为法老，亚历山大在尼罗河口建造了一座新的城市——亚历山大里亚。它类似于希腊的城邦，但居住着多个民族的人，信奉多种宗教。它注定会成为地中海最重要的港口和全世界独一无二的文化中心。亚历山大的行事有一点儿我的影子。

然后，亚历山大前往利比亚的锡瓦绿洲去朝圣。这是一次要穿越沙漠的危险旅行，但它的意义远不止于一场加冕礼。

在锡瓦绿洲的一座神庙里，阿蒙神会与法老们“对话”。从锡瓦绿洲回来以后，太阳神之子亚历山大变得前所未有地兴奋。

亚历山大在埃及期间，他的御用史官卡利斯提尼正沿着尼罗河逆流而上，进行一场探险。卡利斯提尼证实了亚里士多德的一个假设：夏末使沙漠肥沃起来的神奇洪水，是南方很远处埃塞俄比亚的暴雨导致的，并不是尼罗河神每年夏天放水淹没埃及。

亚历山大很想去看一看神圣的尼罗河的源头，但他还有很多事情要做。幼发拉底河旁，大流士三世正在集结大军，等待着他的到来。

亚历山大并不是唯一一个对埃及恋恋不舍的人。他的将军托勒密也爱上了埃及。未来，托勒密会重返埃及，成为法老，并建立一个以他的名字命名的伟大王朝。

13.来自东方的消息

在雅典，我们满怀热情地关注着亚历山大的行军和胜利的消息。他的支持者队伍迅速壮大。如今，我也多了很多朋友。亚历山大正在进行一项伟大的冒险事业，他使地中海摆脱了波斯的影响，恢复了与东方的贸易。我们希腊人非常擅长航海和贸易，这事儿对我们有益无害。只有德摩斯梯尼有勇气公开反对亚历山大。

德摩斯梯尼是个勇敢的人，一心为雅典的利益着想。但他很厌恶马其顿的国王们。他认为，他们不是盟友，而是危险的暴君。他憎恨腓力二世，如今也把他的儿子亚历山大视为眼中钉。

埃及平定下来以后，亚历山大离开了。他一路北上，又路过了推罗、大马士革和阿勒颇。他穿过亚述到达了幼发拉底河。在幼发拉底河东岸，大流士三世已经集结了一支大军，军中有装备镰刀的战车，甚至还有 15 头大象，都在广阔的高加米拉平原上列阵排开。

一件非同寻常的事情在两军中引起了骚动：月亮遮挡住了太阳。但亚历山大安抚住了他的士兵。没有什么能吓倒他，更别说小小的日食了。

大流士三世的士兵来自不同的民族，有米底人，有伊朗人，有希腊雇佣兵，也有来自安纳托利亚中部的骑兵。大流士三世在地面上提前布置了障碍和陷阱，但他又一次被打得落荒而逃，军队被歼灭。不过，马其顿人也损失惨重。

如今，亚历山大自诩为亚洲之王，他将进军巴比伦，拯救这座城市。

巴比伦是古代两河流域规模最大的城市。两百年来，它一直被信仰和习俗完全与之不同的波斯帝国控制着。

亚历山大让投降的波斯总督管理这座城市，并重建了马尔杜克神庙。自汉穆拉比以来，巴比伦人就一直信奉这位神灵。在巴比伦附近，亚历山大派出的士兵发现了“石油”矿，这是一种从地下涌出并可以不断燃烧的黑色油脂。对古希腊人来说，这是一个神迹。

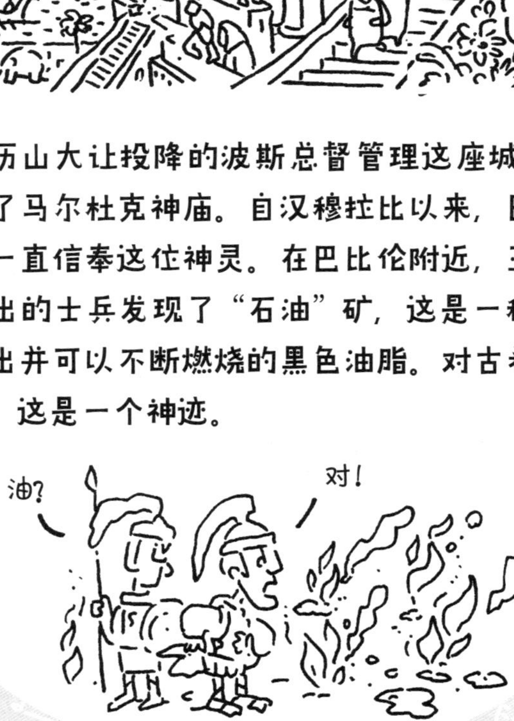

14.巴比伦是个梦

巴比伦是贤士之城，这里诞生了琐罗亚斯德教的科学家祭司，诞生了伟大的天文学家和数学家。如今，希腊人和马其顿人征服了它！等到情况稳定下来，我真想亲自去看一看。先坐船，再骑骡子，只要50天就能到达那里。和捷报一起到达雅典的，还有这场大捷的战利品，这使我们的城市变得更加富有了。只有德摩斯梯尼对此抱怨不停。

德摩斯梯尼还鼓动斯巴达对抗亚历山大，但斯巴达被留守马其顿的军队打败了。没有什么能够阻止亚历山大了。

亚历山大攻入波斯。他占领了苏萨城，消灭了最后的抵抗势力。

最终，他攻入波斯波利斯——古典时代有史以来最辽阔帝国的美丽都城。

亚历山大在波斯波利斯的表现很反常。这座城市已经投降了，但他还是洗劫了它。一天晚上饮酒狂欢后，亚历山大和同伴们一把火烧了波斯波利斯。

我不知道亚历山大这个受到神明祝福的孩子，这个希腊人的英雄，这个埃及人眼中的太阳神之子，这个小亚细亚和巴比伦之王，他的脑子里究竟在想什么。他的同伴们开始担忧：你还想干什么？征服世界？

亚历山大朝着冉冉升起的太阳，继续向东进军。大流士三世正准备组织最后一次抵抗，亚历山大一路追击。这时总督贝索斯谋反，他杀掉了大流士三世，自立为王。亚历山大真心感到遗憾。他找到了大流士三世的遗体，向他致敬，然后将它交给了大流士三世的母亲和遗孀们。

如今，亚历山大是真正的波斯之王了，他领导着一支强大的军队，军队里不仅有希腊人和马其顿人，还有埃及人、叙利亚人、巴比伦人和波斯人。亚历山大成了“野蛮人”的国王！

15.人人都要鞠躬致敬

我们希腊人叫波斯人野蛮人。但实际上，波斯文明比希腊文明更复杂，更别说马其顿文明了。我知道，亚历山大对波斯文明很着迷，但我不同意他遵从当地的一切习俗，比如他现在是波斯的国王，人人都要向他鞠躬致敬。希腊人和马其顿人一点也不喜欢这样做——我们是自由人，不会向任何人弯腰低头！

我的甥孙卡利斯提尼拒绝向亚历山大行朝拜礼，我认为他正是因此丧命的。在他拒绝行礼之后，我再也没收到过他的消息。

与此同时，和真真假假的消息一起传到雅典的，还有一些传说。有人说，亚历山大在里海附近遇到了亚马孙人。亚马孙女王和亚历山大在帐篷里共度了 15 天，然后有了亚历山大的孩子。

又有传闻说，亚历山大驯服了两只格里芬[1]。他乘着格里芬飞到天上，俯瞰自己已经征服和即将征服的土地。

1 格里芬，即狮鹫，古希腊神话中的虚拟生物，鹰头狮身有翅。

甚至还有人说，亚历山大坐着一口玻璃钟潜到海底，赶走了一只想吃掉他的怪兽。

传说归传说，他的军队已经打到了今天的乌兹别克斯坦和阿富汗。亚历山大到处兴建新城市，并且都命名为亚历山大里亚。这些城市的居民是当地人，统治者是马其顿人。如今，他已经到达我们希腊人已知的世界边缘。我猜他想到环绕在陆地外围的海洋去看看，这将会是有史以来最伟大的壮举。

亚历山大不知道印度有多大，他也无法想象，越过印度河，还会有多少国家。这些国家孕育了非凡的文明，他们崇拜许多其他的神明。在印度、斯里兰卡和东南亚国家，释迦牟尼的佛教思想正在广泛传播。这是一种崇尚善良、追求智慧的宗教哲学。亚里士多德肯定会喜欢。

亚历山大很想了解这些国家，他已经准备好向东穿越曾经的波斯帝国的边界。同时，他做出了一个令人意想不到的决定。

16.在印度门口

消息传到雅典时，所有人都震惊了，我也一样。

亚历山大没有娶希腊女孩，也没有娶马其顿女孩，他娶了一个最野蛮的公主。她的名字叫罗克珊娜，是大流士三世手下波斯总督奥克夏特斯的女儿。奥克夏特斯如今还在帝国北部的山区巴克特里亚（今塔吉克斯坦）抵抗亚历山大呢。

亚历山大迎娶年轻的罗克珊娜，让军队里的希腊人和马其顿人感到不安，但留守的希腊人和马其顿人更加不安。总有一天，这个“蛮族”女孩会生下继承人。这位继承人是希腊人还是波斯人？对于任何一位崇尚民主的优秀雅典公民来说，这都是一个可怕的问题。

罗克珊娜

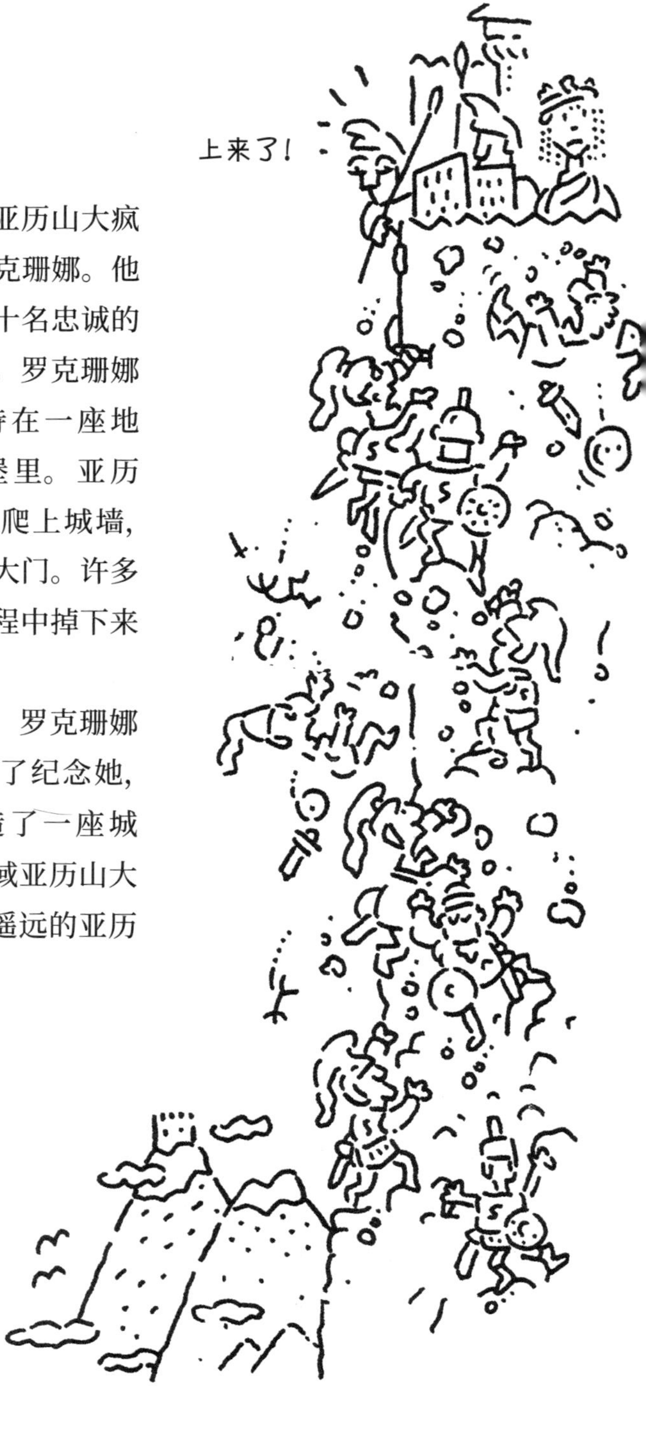

人们说，亚历山大疯狂地爱上了罗克珊娜。他为爱而战，数十名忠诚的士兵为此丧生。罗克珊娜和她的家人待在一座地势险要的城堡里。亚历山大的士兵们爬上城墙，打开了城堡的大门。许多人在攀爬的过程中掉下来摔死了。

人们还说，罗克珊娜非常漂亮。为了纪念她，亚历山大建造了一座城市，命名为绝域亚历山大里亚，意为最遥远的亚历山大里亚。

亚历山大娶了“蛮族”女孩罗克珊娜并不是波斯边境传回来的唯一一个坏消息。在撒马尔罕的一场宴会上，亚历山大杀了他的好友克雷图斯总督。

可怜的克雷图斯，他还在格拉尼库斯河战役中救过亚历山大一命呢。

尽管怨声载道，士兵们还在追随亚历山大。次年春天，亚历山大到达印度河，并首次遇到了意料之外的抵抗。波鲁斯王率领数百只大象和数千名弓箭手正等待着他。

亚历山大战胜了波鲁斯王和他的大象军团，但代价也十分惨重。上千名士兵在这场战役中丧生。

亚历山大的爱马布西发拉斯也战死了。这匹马从亚历山大很小的时候就陪伴在他身边，亚历山大一直将它当作忠实的朋友。为了纪念爱马，亚历山大在印度河边建立了一座庞大的城市，并以它的名字命名：亚历山大里亚·布西发拉斯。之后，亚历山大任命波鲁斯管理这片被他征服的地区，他则组建了一支一千艘船的舰队，沿着印度河而下，航行数百千米，一直到达了“陆地之外的海洋”。

17.在世界尽头

雅典城里，有人希望亚历山大可以在亚洲的某个沙漠里解散军队。但年轻的亚历山大还想继续向东进军，那里还有另外一条大河，另外一些辽阔的国家在等待着他。令我感到遗憾的是，亚历山大越过印度河之后，并没有再走多远。他征服了沿岸的国家，并沿河建立了七座新城市。

这些成功也无法使将领保持高昂的斗志，更别说士兵了。他们全部疲惫不堪、牢骚满腹。自从和波斯人开战到现在，九年过去了。九年的战争、行军和苦难，即便是坚强的马其顿人也撑不住了。亚历山大无奈地决定班师回朝。

在印度河口，亚历山大把军队分成了两路。一部分士兵登上他下印度河时造的船。他们会在海上航行，并沿着波斯湾到达底格里斯河和幼发拉底河的三角洲。另一部分士兵则会和他一起走陆路，穿过可怕的格德罗西亚沙漠。对于士兵来说，这是一项艰巨的任务。四分之三的士兵在穿越沙漠的过程中死去。幸存者和另一路士兵在美索不达米亚和波斯的边境处会合。他们一起狂欢庆祝，举办体育比赛，一醉方休。

亚历山大在苏萨举办了一场集体婚礼，让将领们和一万名士兵迎娶波斯女孩。现在，亚历山大的军队里有不同民族的人，还跟着成千上万名妇女和儿童。所有人都像对待神明一样崇拜赞颂他。但亚历山大的亲信们却越来越担心他，担心他们的未来。

狂欢、礼物和集体婚礼，这些并不能消除将领们日益增加的不满。穿越格德罗西亚沙漠是一场毫无意义的勇气考验，徒让成千上万名士兵丧命。

亚历山大粉碎了一场针对他的阴谋，处决了八名敢于反抗他的追随者。就连由马其顿王国贵族的幼子们担任的少年侍从，也组织了一场起义。这场密谋还没来得及实施就被扼杀了。他的好友、掌管军团财务的哈帕拉斯带着军中的钱款和大量珍宝逃走了。亚历山大帝国的很多地方爆发了叛乱，但也全都被他残酷地镇压了。现在，亚历山大到处都是敌人。他几乎征服了世界，却越来越孤独。

18.伟大冒险的终结

要是我跟在亚历山大身边就好了。可他恐怕也不会听我的，如今他谁的话都不肯听。他现在在巴比伦，已经开始计划下一步的任务了。他要征服红海和波斯湾之间辽阔的阿拉伯半岛。

亚历山大还组织老兵们返乡，并从掠夺来的财富中拿出一部分赠予他们。他还宣布，允许流放在外的希腊人回到他们的家园和城邦。这是一个了不起的主意，因为依据现行的法律，很多希腊人被流放异乡。他们回归故土，将会给整个地中海带来和平与统一。但雅典人不喜欢这项法令，因为它损害了雅典人的很多利益。这是在干涉雅典的政治。但无论如何，包括雅典在内的所有城邦都向亚历山大派出使者，承认他崇高的地位。

然后，悲剧开始了。亚历山大情同手足的好朋友赫费斯提翁中毒身亡。亚历山大失去了唯一一个全心全意信任的朋友，他完全丧失了理智，甚至处死了赫费斯提翁的主治医生。

亚历山大下令全国举哀，并建造了一个巨大的火葬堆。它高大得像巴别塔[1]一样，上面装饰着雕像、鲜花和船只的碎片。在一百多米高的火葬堆顶部，安放着他亲爱的朋友赫费斯提翁的遗体。火葬堆燃起的巨大火焰，在数百千米之外都能看得见。灰烬和烟尘长时间笼罩在巴比伦上空，就像乌云笼罩了亚历山大的头脑，逐渐毒害着他的灵魂。

1　巴别塔：又称巴比伦塔，传说由新巴比伦王国的国王尼布甲尼撒二世主持修建或增建的摩天高塔。

亚历山大也病倒了，他得了沼泽热。有人说他是中毒了。医生们尝试了一切办法，祭司们向众神祈祷。士兵们在奄奄一息的亚历山大面前列队。亚历山大向他的步兵和骑兵们道别。最终，他在同伴们和罗克珊娜的眼泪中溘然长逝。

亚历山大去世的时候还不到 33 岁。我年轻的弟子就这样结束了他的伟大冒险。而我的生命，也快要走到尽头了。

结束语

亚历山大死后，雅典爆发了反对马其顿人的骚乱。亚里士多德发现自己四面楚歌。他被指控支持君主制（他和国王关系很好）、渎神（不敬神灵）、叛国等罪名。这些当然都毫无根据。但如果他继续待在雅典，等待他的只有死路一条。亚里士多德不得不抛下他的吕克昂学园、他的书籍和他的弟子们，逃离雅典，逃到埃维亚岛的主要城市哈尔基斯避难。公元前322年，也就是亚历山大去世一年以后，亚里士多德在哈尔基斯逝世，享年62岁。

亚历山大去世后，他所建立的庞大帝国立刻分崩离析。亚历山大的妻子罗克珊娜生了一个儿子，她带着儿子逃到了亚历山大的妈妈奥林匹娅斯那里。最终，罗克珊娜和她的儿子——帝国的合法继承人，都在马其顿激烈的权力斗争中被毒死了。

但亚历山大的壮举带来了意想不到的成果。

古希腊与东方之间的碰撞造就了一个艺术上的辉煌时期，它被称为希腊化时代。亚历山大大帝的名字被永世传颂。

亚里士多德亦是如此。他的思想统治科学界长达2000多年。托勒密成为埃及法老，开创了托勒密王朝。他在埃及的亚历山大里亚建造了一座博物馆和一座图书馆，它们无疑将成为地中海最大的科学文化中心。亚里士多德的很多学生来到这里授课。像欧几里得这样的数学家和阿基米德这样的工程师也将到访这里。在接下来的几个世纪中，亚历山大里亚图书馆收藏了许多古老的书籍，为后人了解亚里士多德这位哲学家、科学家、亚历山大大帝之师的思想提供了很多史料。但不幸的是，这些古籍最终毁于战火。

完美的人不打架、不说谎、不犯错、不存在。

——亚里士多德

给哲学学习者和世界征服者的小词典

阿波罗

古希腊的太阳神，也是艺术、医药、瘟疫和科学之神。医神阿斯克勒庇俄斯神是他的儿子。

阿喀琉斯

特洛伊战争的传奇英雄，荷马史诗《伊利亚特》的主人公。

阿卡德米

柏拉图在雅典创办的学校、学派或宗教团体名称得名于希腊神话中的英雄阿卡德摩斯。

阿卡德摩斯

阿斯克勒庇俄斯

医神，经常被描绘成手持蛇杖的形象。医生们都信奉这位神明，病人们也会祭祀他。

奥林匹亚竞技会

古希腊人在奥林匹亚举办的运动会，每四年一次。只有古希腊运动员可以参加比赛。竞技会期间，各城邦之间休战。亚里士多德也曾参与过，不过是作为体育记者，而不是运动员。

奥林匹娅斯

亚历山大大帝的母亲，伊庇鲁斯的公主。她在马其顿王国的政治中扮演了重要角色。她曾庇护了罗克珊娜母子。奥林匹娅斯最终死于政敌之手。

巴比伦

以空中花园闻名于世。在苏美尔时代就非常宏伟，后被波斯人占领。

毕达哥拉斯（约前580—约前500，生于萨摩斯岛，卒于他林敦）

古希腊哲学家和数学家。他是第一个使用“哲学家”一词的人。他还发明了“数学的”一词，意思是“乐于学习的”。

柏拉图（前427—前347，生于雅典，卒于雅典）

苏格拉底的学生、亚里士多德的老师。他是第一位将写作作为知识传播手段的哲学家。

波斯波利斯

波斯波利斯和苏萨、埃克巴坦那一样，都是波斯帝国宏伟的都城。波斯波利斯城的一部分建造在峭壁上。该城被亚历山大大帝下令焚毁，其遗址是现代伊朗的考古奇观之一。

布西发拉斯

亚历山大爱马的名字。它跟随亚历山大近20年，最终死于印度河附近的一场战役。为了纪念它，亚历山大以其名字命名了一座新城。

城市广场

古希腊城邦里的主要广场。它具有非常重要的作用，不仅是贸易的场所，还是举办公民大会的地方。

大希腊

“大希腊”是地中海沿岸古希腊城邦及殖民地的总称。这些城邦都是自治的，有的实行民主制，有的由僭主统治。城邦之间经常发生冲突。

大流士三世

波斯的大流士三世，阿契美尼德王朝的最后一任君主，公元前 336 年至公元前 330 年在位。在最后一次起兵对抗亚历山大时，被谋反的总督贝索斯杀害。

德摩斯梯尼

雅典政治家和雄辩家，一直反对马其顿王国。他因发表《斥腓力》演说而闻名于世。这些言辞激烈的演说抨击的正是亚历山大大帝的父亲腓力二世，德摩斯梯尼认为他是万恶之源。

底比斯

古希腊最古老的城邦之一，注意不要与古埃及的底比斯混淆。底比斯距离其劲敌雅典大约 90 千米。它背叛了马其顿王国缔结的同盟，因此被亚历山大大帝夷为平地。

佛陀

佛陀出家前本名悉达多·乔答摩，大约于公元前 565 年至公元前 486 年生活在古印度。他是世界上最大的宗教之一佛教的创始人。

攻城机械

亚历山大的军队为攻城会在战场上建造移动塔楼、攻城锤和投石器等机械。

荷马

传奇作家，相传于公元前 9 世纪左右创作了希腊文学史上最伟大的两部史诗——《伊利亚特》和《奥德赛》。荷马是一位盲人，他的作品不是写出来的，而是唱出来的。

赫费斯提翁

亚历山大情同手足的伙伴。亚历山大自称阿喀琉斯，将他视作帕特洛克罗斯般的密友。

赫拉克勒斯

大力神，宙斯之子，半神半人。他出生于底比斯，天生神力，因完成了 12 项艰难的任务而闻名。亚历山大大帝同他的祖先一样，认为自己是他的后裔。

僭主

古希腊城邦实行个人统治君主。与后来不同，古希腊僭主不一定是通过专制和暴力来维持权力的。

伦理学

哲学的一支，研究是非善恶的科学。据说是亚里士多德创立了伦理学学科。

罗克珊娜

巴克特里亚（今塔吉克斯坦）总督奥克夏特斯之女，亚历山大大帝的第一位妻子，曾在亚历山大大帝大举入侵印度时跟随他出征，在马其顿王国的继位斗争中被毒杀。

吕克昂学园

亚里士多德在雅典创办的学校，因位于吕克昂的阿波罗神庙得名。

马其顿方阵

一种由马其顿王国的腓力二世发明的作战阵形，由配备长矛的步兵组成。

马其顿王国

巴尔干半岛中部的古国，与南邻希腊关系密切，采用希腊语。在腓力二世的时代，马其顿王国的疆域一直扩张到了亚得里亚海、黑海和爱琴海。

马其顿国王腓力二世(前382—前336，前359—前336在位)

亚历山大大帝的父亲。在他的统治下，马其顿王国的疆域和国力达到了前所未有的高峰。他修建道路、城市，甚至建造了一条将都城与大海连接起来的运河。最重要的是，他征服了古希腊各城邦，成为古希腊的统治者。

民主

古希腊语中意为多数人的统治。它反对只有一个人发号施令的僭主政治。

缪斯

宙斯的女儿们，主管文艺和科学的女神。她们是音乐、诗歌和科学的灵感的启发者。

奴隶朗读者

被指派在公共或私人场所朗读文本的奴隶。如果一本书在公开场合被朗读过（通常由奴隶来朗读），那么这本书就被视作已经出版了。

奴隶制

古希腊普遍实施的一种制度。奴隶支撑着希腊城邦的经济运转。战争中的战败者及其子女通常会成为胜利者的奴隶。

沙漠行军

亚历山大大帝从印度返回时带领部分士兵进行的一次勇气和生存的考验。这里提到的沙漠是指印度和伊朗之间的格德罗西亚沙漠。

石油

早在苏美尔时代，巴比伦人就开始使用沥青和石油了。当时，古希腊人知道的唯一一种其他油类是橄榄油。

书卷

古希腊时期的书籍。古希腊人将文本抄写在莎草纸上，并把它缠在一根或两根木棍上，然后将这些书卷保存在皮革制成的书筒里，并贴上标签做标记。

四元素说

亚里士多德认为，物质是由土、火、气、水四种元素组成的。在之后的近 2000 年中，这个理论一直是炼金术的基础。

苏格拉底（前469—前399，生于雅典，卒于雅典）

苏格拉底因其思想被判处死刑。他和他的学生柏拉图，以及亚里士多德，被认为是西方思想的奠基人。

推罗

古代腓尼基城邦，位于今天的黎巴嫩境内，因拒绝亚历山大大帝入城祭祀赫拉克勒斯神，而被他摧毁。亚历山大对其进行了八个月的围城战，用上了攻城塔等多种攻城机械，才最终将它征服。

卫城

古希腊城邦中的堡垒，一般位于城市的最高处，旁边建有美丽的神庙。最著名的卫城是雅典卫城。

希腊化

亚历山大大帝东侵以后，古希腊文化向东传播并与东方文化融合被称为希腊化。

锡瓦绿洲

传说中，太阳神阿蒙在这里下达神谕。要到达锡瓦绿洲，需要穿过一片危机四伏的沙漠。公元前 525 年，波斯国王冈比西征服古埃及，之后他派出一支五万人的军队前往锡瓦绿洲，但队伍却在穿越沙漠时全军覆没。而亚历山大大帝则成功到达了那里。

写作

在亚里士多德时代的古希腊，写作还是一种从东方传入的新事物。

柏拉图通过写作来记述他的老师苏格拉底的思想。苏格拉底一生中从未写过任何著作。

修辞学

说话、演讲和写作的艺术，其目的在于说服听众。

亚历山大图书馆

完工于托勒密之子托勒密二世统治时期，在长达几百年的时间里，它保存着人类最古老的知识。

亚历山大大帝（前356—前323，生于佩拉，卒于巴比伦）

不安分的小伙子、《伊利亚特》的狂热读者、自视为赫拉克勒斯的后裔、马其顿王国腓力二世之子，后来成为马其顿国王、科林斯同盟的最高指挥官、古埃及法老、小亚细亚和波斯之王。

亚历山大博物馆

历史上第一座博物馆，始建于托勒密时期，最初是用来供奉缪斯女神和存放艺术品、科技仪器的地方。里面还有一座用来教学和做研究的图书馆。

亚里士多德（前384—前322，生于斯塔吉拉，卒于哈尔基斯）

古希腊哲学家和科学家，绰号“读书人”，西方思想的奠基人之一，亚历山大大帝的老师。

雅典娜

智慧与艺术女神。雅典人称其为胜利女神雅典娜·耐克（古希腊语中写作nike）。雅典城内最重要的神庙之一帕提侬神庙就是供奉她的。

伊庇鲁斯

古希腊西北部毗邻亚得里亚海的地区，即今天的阿尔巴尼亚南部和希腊西北部地区，是亚历山大大帝的母亲奥林匹娅斯的故乡。

伊苏斯

位于今天的土耳其和叙利亚交界处。亚历山大大帝在伊苏斯第一次与波斯国王大流士三世正面交锋。下图这幅壁画就描绘了伊苏斯之战的场景。该壁画现藏于意大利那不勒斯国家考古博物馆，据考复制于公元前 125 至公元前 120 年之间。

《伊利亚特》

荷马撰写的伟大史诗，讲述了特洛伊城被包围和攻克的经过。阿喀琉斯是这部史诗的主角。

哲学

如何定义哲学是一个连哲学家都在思考的问题。一种普遍认可的观点是，哲学就是“爱智慧”，或者“探寻生命和万物的意义”。

哲学家

这个词是毕达哥拉斯发明的，意思是“爱智慧的人”，或者说成“热爱知识的人”更好。亚里士多德认为哲学的范围很广泛（即便是那些不想探讨哲学的人，也都在以自己的方式探讨着）。

宙斯

古希腊人认为他是众神之王。传说亚历山大大帝是他的儿子。

总督

波斯帝国行省的长官，他们全权代表波斯国王，掌管司法、税收和征兵。

卢卡·诺维利

作家、插画家、记者，他撰写的科学与自然类书籍被翻译成多种文字，在世界各地出版。他与意大利广播电视公司（RAI）、世界自然基金会（WWF）和各大博物馆、大学均有合作。他与 RAI 教育频道合作，撰写并拍摄了电视系列片《闪光的天才》。

诺维利于 2001 年获得环保联盟奖，并于 2007 年获得意大利安徒生奖最佳科普图书奖。

想了解更多有关卢卡·诺维利及其作品的信息，请访问：

www.lucanovelli.it

www.lampidigenio.it

《闪光的天才》

这是卢卡·诺维利以第一人称视角创作的一系列伟大科学家的传记，文本和插图均由诺维利完成。该丛书为读者走近科学、了解改变人类历史的伟人提供了生动有趣的体验。

LEONARDO
e la penna che disegna il futuro
闪光的天才
达·芬奇和描绘未来的画笔

NEWTON
闪光的天才
牛顿和万有引力

EDISON
come inventare di tutto e di più
闪光的天才
爱迪生和他的发明

EINSTEIN
e le macchine del tempo
闪光的天才
爱因斯坦和时光机器

ARISTOTELE
il prof. di Alessandro il Grande
闪光的天才
亚里士多德和他的学生亚历山大大帝

GALILEO
e la prima guerra stellare
闪光的天才
伽利略和星球大战

MARIE CURIE
e i segreti atomici svelati
闪光的天才
玛丽·居里和放射性物质的秘密

MENDEL
e l'invasione degli OGM
闪光的天才
孟德尔和他的遗传实验

IPPOCRATE
medico in prima linea
闪光的天才
希波克拉底和西方医学

PITAGORA
e il numero maledetto
闪光的天才
毕达哥拉斯和神奇的数字

更多精彩，

未完待续……

多好的故事！
多棒的老师！